A First Sudoku

for KiDS

AGES 6-8

PUBLISHED IN 2018 BY
ROCKET PUBLISHING

PRINTED IN THE UNITED STATE OF AMERICA

THIS BOOK BELONG TO

EASY SUDOKU

1	4		3
			4
2			
4		3	2

EASY SUDOKU

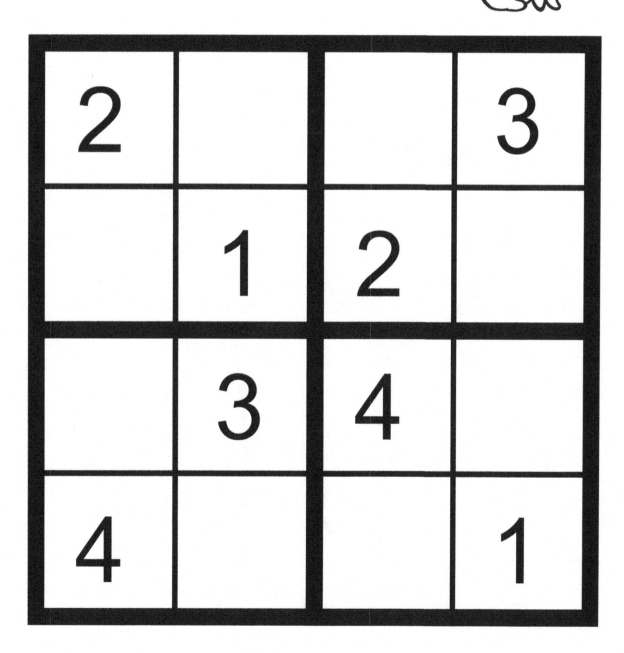

EASY SUDOKU

2	3		1
			2
3			
4		1	3

EASY SUDOKU

4			2
	3	1	
	2	4	
3			1

EASY SUDOKU

	4	3	
	1	4	
	2	1	
	3	2	

EASY SUDOKU

	1	4	
3	4		
		3	4
	3	2	

EASY SUDOKU

4	2	1	3
2	3	4	1

EASY SUDOKU

3			4
	2	3	
	3	4	
2			3

EASY SUDOKU

4			3
	1	2	
	4	3	
2			1

EASY SUDOKU

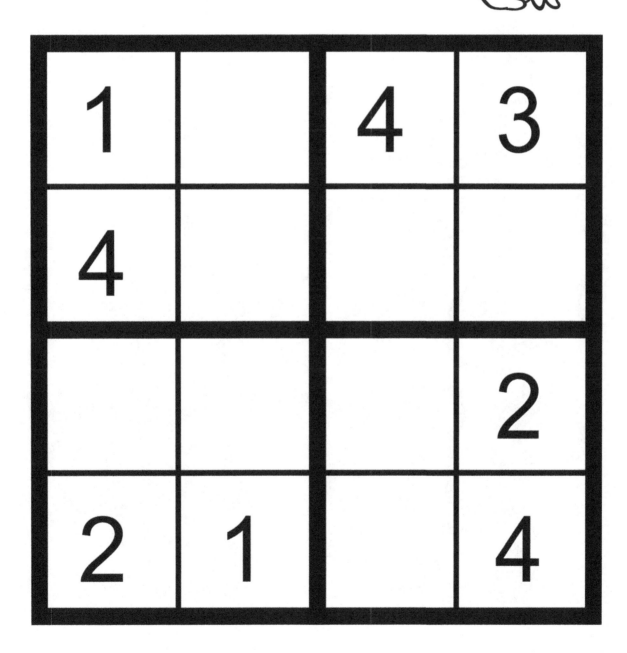

1		4	3
4			
			2
2	1		4

EASY SUDOKU

2	3		1
			3
3			
1		3	2

EASY SUDOKU

4			2
	3	1	
	2	4	
3			1

EASY SUDOKU

2			3
	4	2	
	3	1	
1			4

EASY SUDOKU

	4	3	
	1	4	
	2	1	
	3	2	

EASY SUDOKU

		1	
2		3	4
3	2		1
	4		

EASY SUDOKU

2			4
	4	3	
	2	4	
4			3

EASY SUDOKU

3		4	1
			3
2			
4	1		2

EASY SUDOKU

2		1	4
			3
3			
1	4		2

EASY SUDOKU

4			2
	3	1	
	2	4	
3			1

EASY SUDOKU

	4	3	
	1	4	
	2	1	
	3	2	

EASY SUDOKU

		2	1
	2		4
2		4	
3	4		

EASY SUDOKU

2			4
	4	3	
	2	4	
4			3

EASY SUDOKU

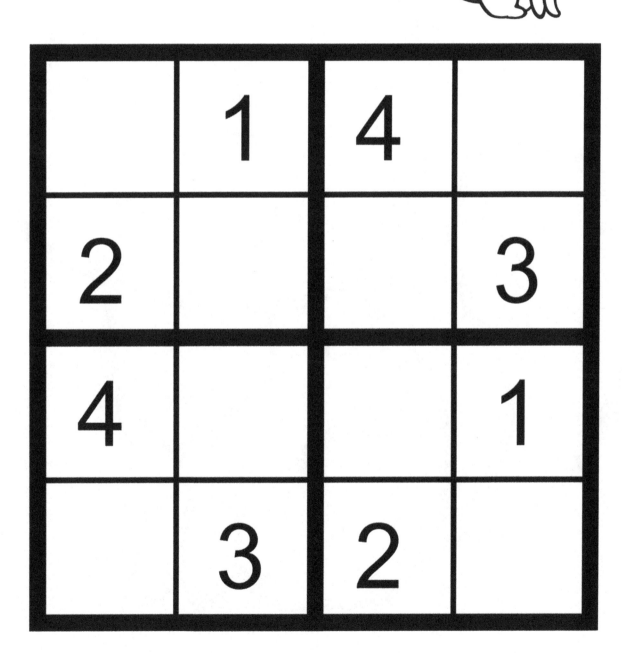

EASY SUDOKU

2	4		1
			2
4			
3		2	4

EASY SUDOKU

2			4
	4	3	
	2	4	
4			3

EASY SUDOKU

	1		3
2			1
3			2
1		3	

EASY SUDOKU

4			2
	3	1	
	2	4	
3			1

EASY SUDOKU

	4	3	
	1	4	
	2	1	
	3	2	

Made in United States
North Haven, CT
09 November 2021

10970843R00033